Chips
aus Gemüse, Früchten & mehr

von
Solveig Darrigo-Dartinet
Diätassistentin und Ernährungsberaterin

Fotos: Bernard Radvaner
Styling: Motoko Okuno

Bassermann

Um Ihnen die Rezeptauswahl zu erleichtern, haben wir jeweils Schwierigkeitsgrad und Kosten angegeben.

einfach	♙	günstig	€
mittel	♙♙	normal	€€
schwierig	♙♙♙	etwas teurer	€€€

ISBN 978-3-8094-3950-9

German translation copyright:
© 2019 by Bassermann Verlag, einem Unternehmen der Verlagsgruppe Random House GmbH, Neumarkter Straße 28, 81673 München
Published originally under the title „Nouvelles Variations Gourmandes – Chips légumes et fruits"
© 2012 by Editions Solar, Paris

Dieses Buch ist unter dem Titel „Knusperdünner Knabberspaß – Chips aus Gemüse, Früchten & Teig" 2014 bei Bassermann Inspiration erschienen.

Umschlaggestaltung: Atelier Versen, Bad Aibling
Realisation der deutschen Ausgabe: trans texas publishing, Köln
Übersetzung: Aggi Becker, Köln
Herstellung: Elke Cramer
Projektleitung: Anja Halveland

Satz: trans texas publishing, Köln
Satz dieser Ausgabe: Nadine Thiel

Druck und Bindung: Těšínská tiskárna, a.s., Český Těšín

Printed in the Czech Republic

MIX
Papier aus verantwor-
tungsvollen Quellen
FSC® C005833

Verlagsgruppe Random House FSC® N001967

Inhalt

Einleitung

Knusprigen Chips kann keiner widerstehen, doch im Hinblick auf ihre Nährwerte genießen sie einen schlechten Ruf. Da liegt das ganze Elend begraben: Werden wir schwach, dann liegen uns die Chips schwer im Magen und drücken aufs Gemüt.

Dennoch kann ich verführerischen, knusprig-dünnen Chips einfach nicht widerstehen. Da Ernährungsberater wie ich auch nicht stärker mit der Tugend der Mäßigung gesegnet sind als andere Menschen, habe ich eine Lösung gefunden — ich bereite meine eigenen, gesunden Chips zu!

Die »leichten« Chips, die es zu kaufen gibt, enthalten etwa 25 Prozent Fett, doch die hausgemachten Chips aus diesem Buch haben höchstens 4 Prozent! Sie werden mit einer Reibe in feine Scheiben geschnitten, nicht frittiert, sondern mit wenig Öl im Backofen gegart und mit einer kleinen Prise Salz (oder Zucker) gewürzt — und schon kann man ohne schlechtes Gewissen schlemmen.

Natürlich dachte ich zunächst nur an Kartoffelchips. Doch dann habe ich mich an verschiedene Gemüse gewagt und sie mit Gewürzen und Kräutern verfeinert. Zunächst habe ich die Chips nur als Snack oder zu einem Glas Wein gereicht; nach und nach habe ich auch leichte Saucen dazu kreiert. Dann verlangte mein Gaumen nach süßen Chips aus Früchten.

Servieren Sie Chips auf einer herzhaften Suppe, einem gemischten Salat, püriertem Gemüse oder einem Obstkompott. schon sieht das angerichtete Essen besonders appetitlich aus.

Und schon eine kleine Menge sorgt für großen Genuss!

Karottenchips mit Joghurt-Kreuzkümmel-Dip

Für 4 Personen
Zubereiten: 10 Minuten
Garen: 30 Minuten

€€

Chips

3 Karotten

Erdnussöl

1 EL Kreuzkümmelsamen

Dip

1 Becher Naturjoghurt

1 EL Sesampaste (Tahini)

1 TL gemahlener Kreuzkümmel

Salz

- Den Backofen auf 150 °C vorheizen.

- Die Karotten schälen, abspülen und trocken tupfen. Mit einer Reibe oder Mandoline in feine Scheiben hobeln und auf einer Silikonbackmatte oder einem mit Backpapier ausgelegten Backblech verteilen. Die Karottenscheiben von beiden Seiten mit Öl bestreichen, mit Kreuzkümmelsamen bestreuen und 30 Minuten im vorgeheizten Backofen garen.

- Alle Zutaten für den Dip vermengen.

- Die Chips aus dem Ofen nehmen und mit dem Dip servieren.

Chip-Tipp *Verwenden Sie möglichst dicke Karotten für dieses Rezept, um große Scheiben für die Chips zu erhalten.*

Süßkartoffel-Chips mit Kokosnuss

Für 4 Personen
Zubereiten: 5 Minuten
Garen: 40 Minuten

€€

1 Süßkartoffel

Erdnussöl

1 EL Kokosraspel

- Den Backofen auf 150 °C vorheizen.

- Die Süßkartoffel schälen, abwaschen und trocken tupfen. Dann mit einer Küchenreibe in feine Scheiben hobeln und auf einem Silikonblech oder einem mit Backpapier ausgelegten Backblech ausbreiten.

- Die Süßkartoffelscheiben von beiden Seiten mit einem Pinsel mit Öl bestreichen, mit Kokosraspeln bestreuen und 40 Minuten im vorgeheizten Backofen garen.

- Die Chips aus dem Ofen nehmen und servieren.

Chip-Tipp *Ersetzen Sie die Kokosraspel durch Vanillepulver, das Sie zuvor mit etwas Öl vermischt haben.*

Karotten-Pastinaken-Süppchen mit Pastinakenchips

Für 4 Personen
Zubereiten: 15 Minuten
Garen: 1 Stunde

€

Chips

2 kleine Pastinaken

Olivenöl

Suppe

2 EL Olivenöl

1 Zwiebel, gehackt

½ TL Kurkuma

1 große Kartoffel, in kleinen Würfeln

2 mittelgroße Pastinaken, in kleinen Würfeln

2 Karotten, in kleinen Würfeln

100 g passierte Tomaten

1 Würfel Gemüsebrühe (Bio)

Meersalz

4 Stängel Kerbel (nach Belieben)

Salz und frisch gemahlener Pfeffer

- Den Backofen auf 150 °C vorheizen.

- Die zwei kleinen Pastinaken schälen und mit der Reibe oder Mandoline in feine Scheiben hobeln. Die Pastinakenscheiben auf einer Silikonbackmatte oder einem mit Backpapier ausgelegten Backblech verteilen. Mit einem Pinsel von beiden Seiten mit Öl bestreichen und 30 Minuten im vorgeheizten Backofen garen.

- Das Öl in einem Topf auf mittlerer Stufe erhitzen. Die Zwiebel in das Öl geben und mit Salz und Kurkuma bestreuen. Unter ständigem Rühren 3 Minuten garen, ohne die Zwiebel zu bräunen.

- Kartoffel, mittelgroße Pastinaken und Karotten in den Topf zur Zwiebel geben und die passierten Tomaten hinzufügen. Den Würfel Gemüsebrühe in etwas Wasser auflösen und über die Zutaten gießen. Mit Meersalz würzen. Den Deckel auf den Topf legen und 20–30 Minuten auf kleiner Stufe köcheln lassen.

- Kurz vor dem Servieren mit frisch gemahlenem Pfeffer würzen und mit dem Stabmixer pürieren. Die Suppe auf vier Schalen verteilen.

- Die Chips aus dem Backofen nehmen und auf die Suppe legen. Nach Belieben mit 1 Stängel Kerbel garnieren.

Chip-Tipp *Für mehr Farbe können Sie auch Chips aus Karotten und Pastinaken zubereiten.*

Kartoffelchips mit Rosmarin und provenzalischer Sauce

Für 4 Personen
Zubereiten: 20 Minuten
Wässern: 10 Minuten
Garen: 1 Stunden

€

Chips

450 g festkochende Kartoffeln (z. B. Bintje)

2 EL Rosmarin

3 EL Olivenöl

Salz und frisch gemahlener Pfeffer

Provenzalische Sauce

1 Zwiebel

1 TL Olivenöl

200 g passierte Tomaten

1 Prise Zucker

1 TL Kräuter der Provence

Salz und frisch gemahlener Pfeffer

• Die Kartoffeln sorgfältig waschen und mit der Reibe oder Mandoline in feine Scheiben hobeln. In eine Schüssel geben, mit kaltem Wasser bedecken und 10 Minuten ziehen lassen. Abgießen, unter fließend kaltem Wasser abspülen und mit einem Küchentuch trocken tupfen.

• Den Backofen auf 150 °C vorheizen. Zwei antihaftbeschichtete Backbleche leicht mit Öl einpinseln, die Kartoffelscheiben in einer Schicht darauf verteilen und mit dem restlichen Öl bestreichen.

• Mit Rosmarin bestreuen und etwa 40 Minuten im vorgeheizten Backofen backen. Die Chips nach der Hälfte der Garzeit einmal wenden.

• In der Zwischenzeit die Provenzalische Sauce zubereiten. Die Zwiebel schälen und hacken. Das Olivenöl in einer antihaftbeschichteten Pfanne erhitzen.

• Die gehackte Zwiebel hineingeben und auf mittlerer Stufe 5 Minuten dünsten.

• Passierte Tomaten, Zucker, Sa z und Kräuter der Provence zufügen. Mit einem Holzlöffel umrühren, die Pfanne abdecken und köcheln lassen.

• Nach 10 Minuten den Deckel abnehmen und die Hitze auf kleine Stufe reduzieren, damit die Sauce etwas einkocht. Mit frisch gemahlenem Pfeffer würzen.

• Die Chips aus dem Backofen nehmen und auf dem Backblech auskühlen lassen. Mit Salz und Pfeffer würzen und zur Tomatensauce servieren.

Chip-Tipp *Anstelle von Rosmarin können Sie die Chips auch mit Thymian oder getrocknetem Oregano würzen.*

Auberginencreme mit Sesam-Chips

Für 4 Personen
Zubereiten: 20 Minuten
Garen: 30 Minuten

Auberginencreme

2 große Auberginen

2 EL Sesampaste (Tahini)

1 TL Kreuzkümmel

Korianderblätter (nach Belieben)

Salz

Chips

1 Eiweiß

25 g Weizenmehl (Type 550)

1 EL Sesamöl

1 EL Sesamsaat, plus etwas mehr zum Bestreuen

1 Prise Salz

• Die Auberginen der Länge nach halbieren, ohne sie zu schälen. 20 Minuten im Dampfbad garen.

• Mit einem Esslöffel das weiche Fleisch aus den Auberginenhälften lösen und mit Sesampaste und Kreuzkümmel vermischen.

• Mit Salz abschmecken und, falls nötig, nachwürzen. Nach Belieben mit Korianderblättern verzieren. Bis zum Servieren im Kühlschrank aufbewahren.

• Den Backofen auf 180 °C vorheizen.

• Die Zutaten für die Chips nacheinander vermengen.

• Dann die Mischung mit einem Teelöffel portionsweise in ausreichendem Abstand auf einem mit Backpapier ausgelegten Backblech verteilen. Mit dem Löffelrücken andrücken und fein ausbreiten.

• Mit Sesamsaat bestreuen und etwa 12 Minuten im vorgeheizten Backofen garen, bis die Chips Farbe angenommen haben.

• Die Auberginencreme mit den Sesam-Chips servieren.

Chip-Tipp *Sie können Sesamsaat und Salz im Rezept durch „Gomasio" ersetzen, einem Sesamsalz, das im Bioladen oder Asia-Shop erhältlich ist. Die Mischung aus gerösteter Sesamsaat und Meersalz hat einen köstlichen Geschmack.*

Grüner Spargel mit gekochtem Ei und Parmesanchip

Für 4 Personen
Zubereiten: 10 Minuten
Garen: 20 Minuten

🎩🎩🎩

€€€

Spargel mit Ei

20 Stangen grüner Spargel

4 Eier

1 EL weißer Essig (für die Eier)

Dressing

½ TL scharfer Senf

1 TL Sherryessig

1 EL Rapsöl

1 EL Olivenöl

2 EL gehackte glatte Petersilie

Chips

50 g Parmesan

Salz und frisch gemahlener Pfeffer

• Den Spargel 15 bis 20 Minuten dämpfen (er muss noch bissfest sein).

• In der Zwischenzeit die Eier zubereiten. Dazu die auf Zimmertemperatur erwärmten Eier in siedendes Essigwasser tauchen. Wenn das Wasser wieder aufkocht, die Eier weitere 3 Minuten kochen, dann sind sie weich. Die Eier abgießen, abkühlen lassen und schälen.

• Senf und Sherryessig in einer Schüssel verrühren, mit Salz und Pfeffer würzen und mit dem Schneebesen Rapsöl und Olivenöl unterschlagen. Die Petersilie einrühren. Die Vinaigrette auf 4 kleine Teller verteilen und beiseitestellen.

• Eine antihaftbeschichtete Pfanne auf kleiner Stufe erhitzen. Den Parmesan direkt so in die Pfanne reiben, dass 4 Kreise von etwa 5 cm Durchmesser entstehen. 3–4 Minuten braten, bis die Käsekreise halb geschmolzen sind und haften. Die Pfanne vom Herd nehmen und die Käsechips mit einem Teigschaber ablösen.

• Die Spargelstangen auf die 4 Teller verteilen und mit je einem weich gekochten Ei (so angeschnitten, dass das Eigelb leicht ausfließt) und einem Parmesanchip anrichten. Sofort servieren.

Chip-Tipp *Sie können die Parmesanchips auch im Backofen zubereiten.*

Kastanien-Pilz-Süppchen mit Kastanienchips

Für 5 Personen
Zubereiten: 25 Minuten
Garen: 25 Minuten

Chips

1 Eiweiß

25 g Kastanienmehl
(aus dem Bioladen)

2 EL Öl

1 Prise Salz

Suppe

1 Schalotte

600 g Champignons

2 EL Olivenöl

300 g geschälte Esskastanien

1 Würfel Gemüsebrühe

100 ml fettarme Milch

2 EL Haselnussmus
(aus dem Bioladen)

Salz und frisch gemahlener Pfeffer

- Den Backofen auf 150 °C vorheizen. Alle Zutaten für die Chips der Reihe nach vermengen.

- 10 Teelöffel der Mischung auf einer Silikonbackmatte mit ausreichend Abstand verteilen. Mit dem Löffelrücken andrücken und dünn ausbreiten. 10 Minuten im Backofen garen, bis die Chips leicht gebräunt sind.

- Die Schalotte schälen und hacken. Die Pilze putzen und in Stücke schneiden.

- In einem Topf mit dickem Boden das Öl auf mittlerer Stufe erhitzen. Die gehackte Schalotte und eine Prise Salz hineingeben und dünsten, bis die Schalotte glasig wird.

- Die Champignons zugeben und unter ständigem Rühren einige Minuten dünsten.

- Die Kastanien und den Brühwürfel zugeben, alles mit Wasser bedecken und den Topf abdecken. Auf kleiner Stufe 10 Minuten köcheln lassen.

- Den Topf vom Herd nehmen, Milch und Haselnussmus einrühren und mit Pfeffer würzen. Mit dem Stabmixer pürieren, abschmecken und nachwürzen, falls nötig.

- Die Suppe heiß mit Kastanienchips servieren.

Chip-Tipp *Wenn Sie einen weniger ausgeprägten Kastaniengeschmack bevorzugen, verwenden Sie eine Hälfte Mehl Type 550 und eine Hälfte Kastanienmehl. Es gibt auch fertige Mischungen aus Reis- und Kastanienmehl.*

Haferflockenchips

Für 6 Personen
Zubereiten: 20 Minuten
Ruhen: 30 Minuten
Garen: 10 Minuten

150 g Mehl Type 550

40 g Margarine

2 EL Haferflocken

1 TL Kräuter der Provence

1 Prise Salz

- Mehl und Salz in einer Schüssel vermengen und eine Mulde bilden. Die Margarine und 4 Esslöffel Wasser in die Mitte geben. Mit den Fingerspitzen vermengen.

- Haferflocken und Kräuter der Provence zugeben und eine feste Teigkugel formen. 30 Minuten ruhen lassen.

- Den Backofen auf 180 °C vorheizen.

- Den Teig in Kreisen von 5 cm Durchmesser auf einem Backblech ausbreiten und etwa 10 Minuten im vorgeheizten Backofen garen, bis die Chips leicht gebräunt sind.

Chip-Tipp *Zum Aperitif können Sie eine Tomatensauce zu den Chips reichen. Nehmen Sie das Rezept von Seite 12 und fügen Sie etwas Chili, Cayennepfeffer oder Lebkuchengewürz hinzu.*

Linsen-Kürbis-Süppchen mit Kürbiskernchips

Für 6 Personen
Zubereiten: 10 Minuten
Garen: 30 Minuten

♔♔♔
€€€

Chips

1 Eiweiß

25 g Mehl Type 550

1 EL Olivenöl

1 EL Kürbiskerne

1 TL Sesamsaat

1 Prise Salz

Suppe

180 g rote Linsen

500 g Hokkaido-Kürbis, gewürfelt

3 TL Olivenöl

1 Zwiebel, gehackt

½ Würfel Hühnerbrühe

150 ml Milch

1 EL fein gehackter Koriander

Salz und frisch gemahlener Pfeffer

• Den Backofen auf 180 °C vorheizen.

• Eiweiß, Weizenmehl, Olivenöl und Kürbiskerne vermengen.

• 10 Teelöffel der Mischung auf einer Silikonbackmatte mit ausreichend Abstand verteilen. Mit dem Löffelrücken andrücken und zu flachen Kreisen ausbreiten. Mit Kürbiskernen und Sesam bestreuen und 12 Minuten im vorgeheizten Backofen garen, bis sie leicht gebräunt sind.

• Die Linsen abspülen und abtropfen lassen. Die Kürbiswürfel unter fließend kaltem Wasser abwaschen. 1 Teelöffel Olivenöl in einem antihaftbeschichteten Schmortopf erhitzen und die Zwiebel darin glasig dünsten.

• Gewürfelten Kürbis und Linsen zugeben und mit einem Holzlöffel umrühren. 500 ml Wasser zugießen, den Brühwürfel hineingeben und aufkochen. Dann die Hitze reduzieren, die Milch zugießen, salzen und umrühren. Den Topf abdecken und 15–20 Minuten köcheln lassen (die roten Linsen zerfallen dabei). Dann mit dem Stabmixer glatt pürieren, dabei die restlichen 2 Teelöffel Olivenöl zufügen und je nach gewünschter Konsistenz etwas Wasser zufügen.

• Mit Salz und Pfeffer abschmecken. Auf 6 kleine Schalen oder Becher verteilen, mit Koriander bestreuen und mit frischen Kürbiskernchips servieren.

Chip-Tipp *Kürbiskerne sind viel größer als andere Kerne. Es reicht aus, wenn Sie 2 oder 3 Kürbiskerne auf jeden Chip geben.*

Kartoffelchips mit Senf und Zitrone

Für 4 Personen
Zubereiten: 25 Minuten
Garen: 35 Minuten

€

Chips

6 festkochende Kartoffeln (z.B. Roseval)

1 EL Senf

1 EL Zitronensaft

1 Knoblauchzehe, zerdrückt

½ TL Cayennepfeffer

2 EL Olivenöl

1 EL Meersalz, plus etwas mehr zum Bestreuen

Zum Servieren

Zitronenspalten

• Die Kartoffeln unter fließend kaltem Wasser gründlich abbürsten, aber nicht schälen. Dann in feine Scheiben hobeln.

• Wasser in einem Topf zum Kochen bringen und Meersalz und Kartoffelscheiben hineingeben. Etwa 5 Minuten kochen, dann abgießen und mit kaltem Wasser abschrecken.

• Den Backofen auf 180 °C vorheizen. Senf, Zitronensaft, Knoblauch und Cayennepfeffer in einer Schüssel vermengen. Mit dem Schneebesen das Olivenöl einrühren. Die Kartoffelscheiben zugeben und vorsichtig darin wenden; sie sollten von allen Seiten mit Sauce überzogen sein.

• Die Kartoffelscheiben auf zwei mit Backpapier ausgelegten Backblechen nebeneinanderlegen. 30 Minuten im vorgeheizten Backofen garen. Nach der Hälfte der Backzeit einmal wenden. Aus dem Ofen nehmen, mit Meersalz bestreuen und mit Zitronenspalten servieren.

Chip-Tipp *Sie können den Geschmack durch die Auswahl des Senfs variieren: Verleihen Sie den Chips mit grobkörnigem Senf eine herzhaftere Note, mit scharfem Senf eine feurige oder mit Honigsenf eine mild-süßliche.*

Rote-Bete-Chips mit Radieschendip

Für 4 Personen
Zubereiten: 15 Minuten
Garen: 30 Minuten

Chips

2 rohe Rote Beten

Erdnussöl

1 TL gemahlener Kardamom

Zum Garnieren

Sonnenblumenkerne

Dip

½ Schalotte, fein gehackt

10 Radieschen (50 g), fein gehackt

5 Stängel Kerbel, Blätter abgezupft

100 g Quark

Salz und frisch gemahlener Pfeffer

- Den Backofen auf 150 °C vorheizen.

- Für die Chips die Roten Beten schälen, abspülen und mit Küchenpapier trocken tupfen. Mit der Reibe oder Mandoline in feine Scheiben hobeln und auf einer Silikonbackmatte verteilen, die auf einem Backrost liegt. Die Scheiben von beiden Seiten mit dem Öl einpinseln und mit Kardamom bestreuen. 30 Minuten im vorgeheizten Backofen garen. Aus dem Ofen nehmen und auf dem Rost auskühlen lassen.

- Für den Dip Schalotte, Radieschen, Kerbelblätter und Quark vermischen.

- Mit Salz und Pfeffer abschmecken. Bis zum Verzehr im Kühlschrank aufbewahren.

- Die Rote-Bete-Chips auf einem Teller verteilen, mit Sonnenblumenkernen garnieren und mit dem Dip servieren.

Chip-Tipp *Zum Garnieren können Sie auch andere Kerne oder Saaten verwenden.*

Buchweizenchips mit Ricotta-Tomaten-Dip

Für 4 Personen
Zubereiten: 20 Minuten
Garen: 10 Minuten

€€

Chips

1 Eiweiß

25 g Buchweizenmehl

2 EL Öl

1 Prise Salz

Ricotta-Dip

200 g Ricotta

1 EL fein gehacktes Basilikum

2 Prisen Chili oder Cayennepfeffer

6 getrocknete Tomaten,
fein gewürfelt

Salz und frisch gemahlener
Pfeffer

• Den Backofen auf 150 °C vorheizen. Für die Chips alle Zutaten der Reihe nach vermengen.

• 10 Teelöffel der Mischung auf einer Silikonbackmatte mit ausreichend Abstand verteilen. Mit dem Löffelrücken andrücken und flache Teigkreise formen. 10 Minuten im vorgeheizten Backofen garen, bis die Chips leicht bräunen.

• Für den Dip den Ricotta mit Basilikum, Chili, Salz und Pfeffer vermengen.

• Die gewürfelten Tomaten unterheben.

• Den Dip bis zum Verzehr in den Kühlschrank stellen.

• Die Buchweizenchips mit dem Ricotta-Dip servieren.

Chip-Tipp *Wenn Sie einen weniger kräftigen Geschmack bevorzugen, mischen Sie Mehl Type 550 mit der gleichen Menge Buchweizenmehl.*

Hausgemachte Kartoffelchips

Für 4 Personen
Zubereiten: 20 Minuten
Wässern: 10 Minuten
Garen: 40 Minuten

Chips

450 g festkochende Kartoffeln
(z. B. Bintje)

3 EL Erdnussöl

Dip

140 g Quark (20 % Fett)

1 TL Zitronensaft

1 TL grobkörniger Senf

1 EL gehackte Kräuter
(z.B. Petersilie oder
Schnittlauch)

Salz und frisch gemahlener
Pfeffer

• Die Kartoffeln unter fließend kaltem Wasser abbürsten und mit der Reibe oder Mandoline in sehr feine Scheiben hobeln.

• In eine Schüssel geben, mit kaltem Wasser bedecken und 10 Minuten ruhen lassen. Dann abgießen, unter fließend kaltem Wasser abspülen und mit einem Küchentuch trocken tupfen.

• Den Backofen auf 150 °C vorheizen. Zwei antihaftbeschichtete Backbleche leicht mit etwas Öl einfetten, die Kartoffelscheiben in einer Schicht darauf verteilen und mit einem Pinsel mit dem restlichen Öl bestreichen.

• Etwa 40 Minuten im vorgeheizten Backofen backen. Nach der Hälfte der Backzeit einmal wenden. Aus dem Backofen nehmen und auf dem Blech auskühlen lassen. Mit Salz und Pfeffer würzen.

• In einer Schüssel Quark, Zitronensaft, Senf, Kräuter, Salz und Pfeffer verrühren. Den Dip zu den Chips servieren.

Chip-Tipp *Wenn Sie die Kartoffelscheiben ein wenig dicker schneiden und etwas länger garen, erhalten Sie „dicke" Kartoffelchips mit wenig Fett. Eine tolle Beilage zu Fleisch und Salat!*

Bunte Gemüsechips

Für 4 Personen
Zubereiten: 15 Minuten
Wässern: 10 Minuten
Garen: 30–40 Minuten

500 g Gemüse, z.B. rohe Rote
Bete, Kartoffeln (Bintje oder
blaue Kartoffeln), Karotten,
Auberginen

Olivenöl oder geschmacks-
neutraleres Erdnussöl

Kräuter und Gewürze
nach Geschmack, z.B. Thymian,
gemahlener Kreuzkümmel,
Kardamom, Paprika, Curry

Meersalz

• Den Backofen auf 150 °C vorheizen.

• Das Gemüse schälen und waschen. Mit einem Küchentuch sorgfältig trocken tupfen und mit der Reibe oder Mandoline in feine Scheiben hobeln.

• Die Kartoffelscheiben 10 Minuten in einer Schüssel mit kaltem Wasser ziehen lassen, anschließend abgießen und trocken tupfen.

• Mit einem Pinsel zwei antihaftbeschichtete Backbleche mit Öl bestreichen. Die Gemüsescheiben in einer Schicht darauf verteilen und mit Öl einpinseln.

• Mit Meersalz und Kräutern oder Gewürzen bestreuen.

• 30 bis 40 Minuten im vorgeheizten Backofen backen und nach der Hälfte der Backzeit einmal wenden. Aus dem Ofen nehmen und auf dem Blech auskühlen lassen. Die Chips lauwarm servieren.

Chip-Tipp *Zu diesen Chips schmeckt ein Joghurtdip sehr gut (z. B. Kräuterjoghurt oder Tsatsiki).*

Kaltes Zucchini-Ricotta-Süppchen mit Schinken-Chips

Für 4 Personen
Zubereiten: 35 Minuten
Garen: 25 Minuten

Suppe

1 EL Margarine

1 Zwiebel, fein gehackt

1 Knoblauchzehe, fein gehackt

4 mittelgroße Zucchini,
in Scheiben geschnitten

1 EL Mehl

1 l Hühnerbrühe

2 EL Ricotta

3 Stängel Minze, Blätter
abgezupft und fein gehackt

Salz und frisch gemahlener Pfeffer

Chips

4 Scheiben Bresaola
(luftgetrockneter Rinderschinken)
oder luftgetrockneter
Schweineschinken

• Die Margarine in einem großen Topf erhitzen und Zwiebel und Knoblauch 2 Minuten darin anbraten. Dann die Zucchini zugeben. Mit Salz würzen und etwa 3 Minuten dünsten; die Zucchini sollten aber nicht bräunen. Mit Mehl bestäuben, umrühren und mit Brühe aufgießen. Den Topf abdecken und 15 Minuten auf kleiner Stufe kochen.

• Vom Herd nehmen, den Ricotta und die Hälfte der gehackten Minze hineingeben. Leicht mit Pfeffer würzen und die Suppe mit dem Stabmixer pürieren, dann abkühlen lassen. Wenn die Suppe lauwarm ist, in den Kühlschrank stellen.

• Die Suppe zum Servieren auf 4 Schalen oder Gläser verteilen und mit der restlichen Minze garnieren.

• Eine antihaftbeschichtete Pfanne erhitzen und die Schinken-Scheiben hineinlegen, ohne weiteres Fett zuzugeben. Kurz kross braten. Jedes Süppchen mit einer krossen Schinkenscheibe belegen und servieren.

Chip-Tipp *Wenn man den Ricotta durch saure Sahne oder Schmand ersetzt, kann diese Suppe auch warm serviert werden. Anstelle von luftgetrocknetem Schinken können Sie auch mageren Schinkenspeck kross braten.*

Maischips mit würzigem Erbsen-Apfel-Dip

Für 12 Maischips
Zubereiten: 25 Minuten
Ruhen: 30 Minuten
Garen: 20 Minuten

Chips

300 g Maismehl, plus
1 EL zum Bestäuben

50 g Margarine

½ TL Salz

Erbsen-Apfel-Dip

1 l Hühnerbrühe

200 g frische ausgelöste Erbsen

1 Knoblauchzehe, geschält

2 EL Quark

Saft von ½ Zitrone

1 EL frische Korianderblättchen

1 EL Sherryessig

2 EL Olivenöl

1 säuerlicher Apfel,
z.B. Berlepsch,
Granny Smith, geviertelt

½ TL Chili

Salz

• Das Mehl in eine Schüssel sieben. Margarine und Salz zufügen. Mit den Fingerspitzen vermengen und mit den Händen zu einem Teig verkneten. 150 ml lauwarmes Wasser zum Teig geben und zügig verkneten. Etwa 5 Minuten weiterkneten, bis ein elastischer Teig entsteht. Den Teig zu einer Kugel formen und abgedeckt 30 Minuten ruhen lassen.

• Den Backofen auf 200 °C vorheizen. Den Teig in 12 gleich große Portionen teilen und zu kleinen Kugeln formen. Mit einer Teigrolle auf einer bemehlten Arbeitsfläche ausrollen.

• Eine antihaftbeschichtete Pfanne auf mittlerer Stufe erhitzen und die Maischips 1 Minute von jeder Seite backen. Aus der Pfanne nehmen und auf einem Backblech verteilen. Etwa 8 Minuten im vorgeheizten Backofen garen, bis sie knusprig sind. Aus dem Backofen nehmen und auf dem Blech auskühlen lassen. Die Maischips auf einem großen Servierteller anrichten.

• Die Brühe zum Kochen bringen, die Erbsen hineingeben und 10 Minuten kochen.

• Die Erbsen abgießen und mit Knoblauch, Quark, Zitronensaft, Koriander, Essig, Olivenöl, Apfel, Chili und Salz pürieren.

• In eine Schüssel füllen und bis zum Verzehr im Kühlschrank aufbewahren. Die Chips mit dem Dip servieren.

Chip-Tipp *Dieser Dip ist von dem südamerikanischen Avocado-Dip Guacamole inspiriert, den Sie ebenfalls dazu reichen können. Dafür eine Avocado mit Koriander, Zitrone, Knoblauch, Chili, Sherryessig, Olivenöl und Salz pürieren.*

Algenchips mit Lachstatar

Für 4 Personen
Zubereiten: 5 Minuten
Marinieren: 2 Stunden +
12 Stunden
Garen: 10 Minuten

€€

Chips

1 Eiweiß

25 g Buchweizenmehl

2 EL Olivenöl

1 Prise Salz

1 EL getrocknete Algenstückchen
(z. B. ‚Algen für Salate' aus dem
Bioladen, eine Mischung von
Wakame, Nori und Dulse oder
Wakame aus dem Asia-Shop)

Tatar

300 g frisches Lachsfilet (ohne
Haut)

60 g geräucherter Lachs

1 unbehandelte Zitrone

1 unbehandelte Limette

1 EL fein gehackter Dill

120 g Doppelrahmfrischkäse

Salz und frisch gemahlener Pfeffer

● Den Backofen auf 150 °C vorheizen. Eiweiß, Mehl, Salz und Öl für die Chips vermengen.

● 10 Teelöffel der Mischung auf einer Silikonbackmatte mit ausreichend Abstand verteilen. Mit dem Löffelrücken andrücken und flache Teigkreise formen. Mit getrockneten Algenstückchen bestreuen.

● 10 Minuten im vorgeheizten Ofen backen, bis die Chips bräunen.

● Für das Tatar eventuell verbliebene Gräten mit der Pinzette aus dem Lachsfilet entfernen. Lachsfilet und geräucherten Lachs in ganz kleine Würfel schneiden und in eine Salatschüssel geben.

● Zitrone und Limette waschen und abtrocknen. Die Schale abreiben und in einer kleinen Schüssel im Kühlschrank aufbewahren. Zitrone und Limette auspressen und den Saft mit Dill, Salz und Pfeffer verrühren. Die Mischung über den Lachs gießen. Mit Frischhaltefolie abdecken und 2 Stunden im Kühlschrank marinieren.

● Den Frischkäse vorsichtig unter den marinierten Lachs heben.

● Das fertige Lachstatar auf 4 kleine Schalen verteilen und 12 Stunden im Kühlschrank ruhen lassen.

● Am nächsten Tag das Lachstatar aus den Förmchen auf kleine Teller stürzen und mit der abgeriebenen Zitrusschale garnieren. Schön kühl mit den Chips servieren.

Hummus mit Kreuzkümmelchips

Für 6 Personen
Zubereiten: 20 Minuten
Garen: 15 Minuten

€ € €

Chips

80 g Kichererbsenmehl

20 g Vollkornreismehl

1 TL Kreuzkümmelsamen

Öl

Salz

Hummus

1 Knoblauchzehe, gehackt

Saft von ½ Zitrone

125 g Kichererbsen aus der Dose

1 EL Sesampaste (Tahini)

1 EL Olivenöl

Kreuzkümmelsamen

Salz

● Beide Mehlsorten, Salz und Kreuzkümmel in einer Schüssel vermengen und eine Mulde in die Mitte drücken. 150 ml Wasser in die Mulde gießen und alle Zutaten vermengen, bis ein dickflüssiger Teig entsteht.

● Eine kleine Pfanne mit dem Öl leicht einpinseln, auf mittlerer Stufe erhitzen und eine dünne Schicht Teig hineingießen. Wenn der Teig beginnt, sich vom Rand zu lösen, einmal wenden. Lang genug backen, damit der Fladen knusprig wie Chips wird. Weitere Fladen backen, bis der Teig aufgebraucht ist.

● Alle Zutaten für das Hummus pürieren und kalt stellen. Die Chips mit dem Hummus servieren.

Chip-Tipp *Wenn Sie einen etwas weniger ausgeprägten, aber dennoch aromatischen Geschmack für das Hummus bevorzugen, können Sie die Sesampaste weglassen und das Olivenöl durch Sesamöl ersetzen.*

Couscous-Salat mit Kürbischips

Für 4 Personen
Zubereiten: 15 Minuten
Garen: 30 Minuten

♔♔

€€

Chips

400 g Kürbis

Olivenöl

Salat

200 g vorgegarter
Couscous (Weizengrieß)

1 Würfel Gemüsebrühe

1 EL Butter

1 Handvoll Rucola

Salz

Dressing

2 EL fein gehackte Minze

1 Becher Joghurt

2 TL gemahlener Kreuzkümmel

1 EL Honig

• Den Backofen auf 180 °C vorheizen.

• Den Kürbis mit der Reibe oder Mandoline der Länge nach in feine Streifen hobeln. Die Streifen auf dem Backblech verteilen und mit Öl bestreichen. 30 Minuten im vorgeheizten Ofen backen und dabei die Temperatur auf 150 °C senken. Die Kürbisstreifen sollten goldbraun und knusprig sein.

• Den Couscous in eine Schüssel geben. Wasser gemäß Packungsangabe in einem Topf erhitzen und den Brühwürfel darin auflösen. Die Brühe über den Couscous gießen. Mit einer Gabel vermengen. Butter und ein wenig Salz zugeben und weiter mit der Gabel vermengen.

• Die Zutaten für das Dressing verrühren.

• Wenn der Couscous lauwarm abgekühlt ist, den Rucola grob mit der Hand zerpflücken und unterheben. Auf Schalen verteilen und mit Kürbischips und einem Teelöffel Dressing garnieren.

Chip-Tipp *Der Couscous-Salat kann auch mit weiteren Gemüsesorten zubereitet werden, wie z. B. gegarte grüne Bohnen, Tomatenwürfel oder Paprikawürfel.*

Auberginenchips

Für 4 Personen
Zubereiten: 5 Minuten
Garen: 30–40 Minuten

1 große Aubergine
(oder 2 kleine)

Olivenöl

Currypulver

Meersalz

• Den Backofen auf 150 °C vorheizen.

• Die Aubergine waschen und gut abtrocknen. Dann mit der Reibe oder Mandoline in feine Scheiben hobeln.

• Ein antihaftbeschichtetes Backblech mit Öl einpinseln und die Auberginenscheiben nebeneinander darauf verteilen. Öl und Currypulver vermengen und die Auberginenscheiben damit bestreichen. Mit Meersalz und Currypulver bestäuben.

• 30–40 Minuten im vorgeheizten Backofen garen und die Chips nach der Hälfte der Backzeit einmal wenden. Aus dem Ofen nehmen und auf dem Backblech abkühlen lassen. Lauwarm oder kalt servieren.

Chip-Tipp *Die Auberginenchips sind eine köstliche Beilage zu gegrillten Lammkoteletts.*

Smoothie mit Erdbeerchips

Für 4 Gläser
Zubereiten: 15 Minuten
Garen: 1 Stunden

Chips

1 Eiweiß

1 gehäufter EL Puderzucker

einige Tropfen Rosenwasser
(nach Belieben)

6 große feste Erdbeeren

Smoothie

2 Bananen, in Scheiben geschnitten

250 g reife Erdbeeren,
grob gewürfelt

1 Joghurt

1 Glas fettarme Milch

1 Päckchen Vanillezucker
(nach Belieben)

• Den Backofen auf 80 °C vorheizen.

• Für die Chips Eiweiß und Puderzucker in eine kleine Schüssel geben.

• Das Rosenwasser darübergießen und alles mit dem Schneebesen schaumig schlagen.

• Die Erdbeeren waschen, vom Strunk befreien und mit der Reibe oder Mandoline in Scheiben hobeln. Eine Silikonbackmatte auf einen Backrost legen und die Erdbeerscheiben darauf verteilen. Die Eiweißmischung mit dem Pinsel auf die Erdbeeren streichen und anschließend die Erdbeeren 1 Stunde im vorgeheizten Ofen garen. Regelmäßig kontrollieren, die Länge der Backzeit hängt von den Erdbeeren ab.

• In der Zwischenzeit den Smoothie zubereiten. Dafür Bananenscheiben und Erdbeerstücke in die Küchenmaschine geben. Den Joghurt zufügen und mixen. Nach und nach Milch bis zum gewünschten Flüssigkeitsgrad zugießen. Nach Geschmack ein Päckchen Vanillezucker unterrühren. Dann auf 4 Gläser verteilen.

• Die Erdbeeren aus dem Backofen nehmen und auskühlen lassen, sie sollten knusprig sein.

• Die Erdbeerchips zum Smoothie servieren.

Chip-Tipp *Fruchtchips geben Desserts wie beispielsweise Obstsalat oder Vanillepudding eine besondere Note. Fügen Sie Fruchtchips erst im letzten Augenblick hinzu.*

Apfelchips

Für etwa 20 Chips
Zubereiten: 10 Minuten
Garen: 90 Minuten

2 große Äpfel (Berlepsch oder
Granny Smith)

Saft von 1 Zitrone

Puderzucker

- Den Backofen auf 80 °C vorheizen.

- Die Äpfel unter fließend kaltem Wasser abbürsten und trocken tupfen. Die ungeschälten Äpfel anschneiden und dann in 2–3 mm dicke runde Scheiben schneiden.

- Den Zitronensaft in eine Schüssel geben und die Apfelscheiben darin wenden, damit sie nicht braun werden. Ein Backblech mit Backpapier auslegen und die Apfelscheiben mit etwas Abstand voneinander darauf verteilen.

- Die Scheiben gleichmäßig mit Puderzucker bestäuben. Den Zucker einen Moment einziehen lassen, dann die Apfelscheiben in den Backofen geben und 90 Minuten backen.

- Vorsichtig herausnehmen und abkühlen lassen, die Apfelchips brechen leicht. Sie können in einer fest verschlossenen Dose aufbewahrt werden.

Chip-Tipp *Diese süßen Chips können Sie auch wunderbar zum Aperitif servieren.*

Zwetschgen-Rhabarber-Kompott mit Lebkuchenchips

Für 4 Personen
Zubereiten: 10 Minuten
Garen: 30 Minuten

€€€

Kompott

300 g entsteinte Zwetschgen

300 g Rhabarber, in Stücken

2 EL brauner Zucker

1 Zimtstange

Chips

1 Eiweiß

2 EL Mehl Type 550, gesiebt

1 EL Puderzucker

2 Prisen Lebkuchengewürz

2 EL Erdnussöl

• Für das Kompott die Zwetschgen halbieren und in einen Topf mit dickem Boden geben (möglichst einen gusseisernen). Rhabarber, ein halbes Glas Wasser, Zucker und Zimtstange zufügen. Unter ständigem Rühren aufkochen. Dann auf kleiner Stufe 20 Minuten köcheln lassen.

• Den Backofen auf 180 °C vorheizen.

• Alle Zutaten für die Chips vermengen. 10 Teelöffel der Mischung auf einer Silikonbackmatte mit ausreichend Abstand verteilen. Mit dem Löffelrücken andrücken und zu flachen Kreisen formen, dann 8 Minuten im vorgeheizten Ofen garen, bis die Chips leicht bräunen.

• Das Kompott lauwarm oder kalt auf Dessertschalen verteilen und mit Lebkuchenchips garnieren.

Chip-Tipp *Tiefgefrorene Zwetschgen und Rhabarber eignen sich gut für dieses Rezept und ersparen Ihnen Zeit bei der Zubereitung des Kompotts.*

Süße Chips aus Buchweizenpfannkuchen

Für 4 Personen
Zubereiten: 15 Minuten
Kühlen: 30 Minuten
Garen: 15 Minuten

65 g Buchweizenmehl

1 Ei

50 ml Wasser

1 EL Erdnussöl,
plus etwas mehr für die Pfanne

15 g gesalzene Butter

2 EL brauner Zucker

1 Prise Salz

• Mehl und Salz in eine Schüssel sieben, das Ei aufschlagen und in die Mitte geben. Mit 50 ml Wasser vermengen und das Öl einarbeiten. Den Teig 30 Minuten im Kühlschrank ruhen lassen.

• Eine antihaftbeschichtete Pfanne von maximal 20 cm Durchmesser leicht mit Öl einfetten und erhitzen. Den Teig mit einer Schöpfkelle hineingeben.

• Den Pfannkuchen von jeder Seite 1 bis 2 Minuten backen. Die restlichen Pfannkuchen zubereiten, bis der Teig aufgebraucht ist. Die Pfannkuchen lauwarm abkühlen lassen und dann in Streifen schneiden.

• Die Pfanne oder einen Wok erneut erhitzen und die Butter zerlassen. Die Pfannkuchenstreifen darin braten, dabei ständig mit einem Holzlöffel bewegen. Wenn die Streifen knusprig werden, mit Zucker bestäuben und weiterrühren. Dann in eine Schüssel geben.

• Warm oder lauwarm servieren, dazu passt Joghurt oder Milchreis mit Zimt bestreut.

Schoko-Haselnuss-Mousse mit Haselnusschips

Für 4 Personen
Zubereiten: 20 Minuten
Kühlen: 2 Stunden
Garen: 8 Minuten

€€€

Mousse

75 g dunkle Schokolade (70 % Kakao)

200 g Seidentofu (aus dem Bioladen)

2 EL Agavensirup

1 EL Haselnussmus (aus dem Bioladen)

Chips

1 Eiweiß

25 g Mehl Type 550

2 EL Öl

1 EL gemahlene Haselnüsse mit Zucker vermischt

• Die Schokoladenstücke mit 2 Esslöffeln Wasser in einem Topf auf kleiner Stufe schmelzen. Wenn die Schokolade fast aufgelöst ist, den Topf vom Herd nehmen.

• Tofu, Agavensirup und Haselnussmus in die Küchenmaschine oder eine Schüssel geben. 1 Minute pürieren und dann die geschmolzene Schokolade zufügen. 2 Minuten weitermixen, bis eine cremige Mischung entsteht. Auf Dessertgläser verteilen und in den Kühlschrank stellen (mindestens 2 Stunden, besser über Nacht).

• Den Backofen auf 180 °C vorheizen.

• Für die Chips Eiweiß, Mehl und Öl vermischen. 10 Teelöffel der Mischung auf einer Silikonbackmatte mit ausreichend Abstand verteilen. Mit dem Löffelrücken andrücken und dünn ausbreiten.

• Mit der Haselnuss-Zucker-Mischung bestreuen und 8 Minuten im vorgeheizten Ofen garen.

Chip-Tipp *Diese Haselnusschips sind auch köstlich zu einer Kugel Eis mit Schokoladen- oder Nussgeschmack.*

Mangocreme mit Mandelchips

Für 4 Personen
Zubereiten: 20 Minuten
Garen: 8 Minuten

€€€

Creme

1 Mango

50 ml Mandelmilch (oder fettarme Milch)

1 EL ungezuckertes Mandelmus (aus dem Bioladen)

1 EL Agavensirup

Chips

1 Eiweiß

2 EL Mehl Type 550, gesiebt

einige Tropfen Bittermandelaroma (nach Geschmack)

1 EL Puderzucker

2 EL Erdnussöl

1 EL Mandelblättchen

● Die Mango schälen. Das Fruchtfleisch vom Kern schneiden und würfeln. Mandelmilch, Mangofruchtfleisch, Mandelmus und Agavensirup pürieren. Dann auf Dessertschalen verteilen.

● Den Backofen auf 150 °C vorheizen. Eiweiß, Mehl, Aroma, Puderzucker und Öl vermengen.

● 10 Teelöffel der Mischung auf einer Silikonbackmatte mit ausreichend Abstand verteilen. Mit dem Löffelrücken andrücken und dünn ausbreiten. Mit Mandelblättchen bestreuen und 8 Minuten im vorgeheizten Ofen garen, bis die Chips leicht gebräunt sind.

● Zu jedem Schälchen Mangocreme mehrere Mandelchips servieren.

Chip-Tipp *Wenn Sie der Creme noch mehr Aroma verleihen möchten, ersetzen Sie den Agavensirup durch Ahornsirup oder Honig.*

Sandwich aus Ananaschips und Kokoseis

Für 4 Personen
Zubereiten: 25 Minuten
Garen: 3 Stunden

€€€

1 Ananas

2 kleine Orangen

1 EL Quark (20 % Fett)

4 Kugeln Kokoseis

• Den Backofen auf 80 °C vorheizen.

• Die Ananas von oben nach unten schälen und mit der Reibe oder Mandoline in 2 bis 3 mm dicke runde Scheiben hobeln.

• Ein Backblech mit Backpapier auslegen und die Ananasscheiben darauf ausbreiten.

• In den Ofen stellen und 3 Stunden trocknen lassen. Nach der Hälfte der Zeit einmal wenden.

• In der Zwischenzeit den Saft aus den Orangen pressen und in einen kleinen Topf gießen. Auf kleiner Stufe erhitzen und 4–5 Minuten einkochen lassen. Wenn der Saft dick wird, den Topf vom Herd nehmen und lauwarm abkühlen lassen. Den Quark einrühren.

• Die Ananaschips aus dem Backofen nehmen und pro Person 3 Chips beiseitelegen. (Die restlichen Ananaschips können in einem verschlossenen Behälter aufbewahrt werden).

• Auf einem kalten Teller einen Ananaschip mit einer Kugel Kokoseis schichten, wiederholen und mit einem dritten Ananaschip abschließen. Die Orangensauce über das Sandwich träufeln.

Clementinensalat mit Honigchips

Für 4 Personen
Zubereiten: 20 Minuten
Kühlen: 3 Stunden
Garen: 8 Minuten

€€€

Salat

6 Clementinen

4 Datteln

2 EL Honig

1 EL Orangensaft

1 TL gemahlener Zimt

Chips

1 Eiweiß

2 EL Honig

3 EL Weizenmehl, gesiebt

1 EL Olivenöl

- Die Clementinen schälen, in einzelne Stücke zerteilen und würfeln. Die Datteln entkernen, klein schneiden und mit den Clementinenstückchen in einer Schüssel vorsichtig vermengen.

- Honig, Orangensaft und Zimt in einer kleinen Schüssel verrühren und über den Fruchtsalat gießen. Mit Frischhaltefolie bedecken und 3 Stunden im Kühlschrank ziehen lassen.

- Den Backofen auf 180 °C vorheizen.

- Eiweiß, Honig, Mehl und Öl für die Chips vermengen.

- 10 Teelöffel der Mischung auf einer Silikonbackmatte mit ausreichend Abstand verteilen. Mit dem Löffelrücken andrücken und zu flachen Kreisen formen, dann 8 Minuten im vorgeheizten Ofen garen, bis die Chips leicht bräunen.

- Den Clementinensalat in Dessertgläser füllen und mit Honigchips servieren.

Chip-Tipp *Sie können die Datteln auch weglassen, dann ist der Salat etwas leichter.*

Die Küchengeräte

Sie benötigen eine gute Reibe, besser aber noch einen Gemüsehobel oder eine Mandoline mit verstellbarem, scharfem Messereinsatz (achten Sie auf Ihre Finger!). Wenn Sie oft und gerne kochen, lohnt sich die Anschaffung einer hochwertigen Mandoline. Sie sollten feine Scheiben damit schneiden können, aber nicht zu dünne, damit die Chips nicht verbrennen.
Sowohl ein Backblech als auch eine weiche Silikonbackmatte eignen sich zum Backen der Chips. Das Backblech muss immer mit Backpapier ausgelegt werden, damit die Chips nicht anbacken, oder antihaftbeschichtet sein.

Die Zutaten

Nicht nur Kartoffeln eignen sich vorzüglich für Chips. Auch Karotten, Rote Bete, Pastinaken, Kürbis, Auberginen usw. lassen sich wunderbar zu Chips verarbeiten. Aus einigen Früchten lassen sich auch gut Chips herstellen, beispielsweise aus Äpfeln, Erdbeeren und Ananas.
Chips können auch aus einem Teig ähnlich dem Pfannkuchenteig gebacken werden, entweder bleibt der Chip dann im Ganzen oder wird in kleine Stücke oder Streifen geschnitten und erneut gebacken, damit er leicht trocknet und schön knusprig wird.
Eine weitere Teigbasis kann aus Eiweiß, Mehl und Öl zubereitet werden. Das ergibt einen Teig wie für knusprige Plätzchen. Mit Extrazutaten wie Mandelblättchen, gehackten Haselnüssen oder anderen gemahlenen Nüssen werten Sie die Chips geschmacklich auf und erhöhen den Nährwert.

Kaufen oder selbst machen

Die klassische Zubereitung von Chips hat die zwei großen Nachteile, dass die Chips sehr fetthaltig sind und dass frittierte Lebensmittel nicht sonderlich gesund sind. Je feiner die Kartoffelscheiben geschnitten sind, desto mehr Fett saugen sie auf und umso kalorienreicher sind die fertigen Chips.
Während des Frittierens bräunen die Zutaten, das ist – genau wie bei zu stark über Holzkohle gegrilltem Fleisch – der Gesundheit nicht zuträglich.
Frittierfett in Form von Palmöl schadet dem Herz-Kreislauf-System, und im Handel gekaufte Chips enthalten obendrein zu viel Salz. Das regt den Appetit an und verleitet uns zum übermäßigen Essen.
Deshalb sind hausgemachte Chips ideal. Mit einer geringen Menge Öl guter Qualität (Erdnussöl oder Olivenöl) im Backofen gegart und einer Prise Salz oder Zucker gewürzt, können Sie Ihre selbst gemachten Chips ohne schlechtes Gewissen genießen!

Das Garen

Der Garprozess ist abhängig davon, wie dick das jeweilige Gemüse oder Obst geschnitten ist, auf welche Temperatur der Backofen eingestellt ist und wie es um die Heizleistung Ihres Backofens bestellt ist.Um böse Überraschungen zu vermeiden, müssen Sie deshalb alle drei Faktoren berücksichtigen und die allgemeinen Rezeptangaben dementsprechend angleichen. Ich rate Ihnen deswegen, Ihre Chips während des Backens regelmäßig zu kontrollieren.

Die Variationen

Chips aus Gemüse und Früchten können beliebig abgewandelt werden. Probieren Sie andere Gewürze oder Garnierungen ganz nach Ihren persönlichen Vorlieben aus.
Natürlich können Sie auch die Chips aus diesem Buch mit anderen Saucen, Dips, Cremes oder Gerichten servieren. Experimentieren und probieren Sie frei nach Lust und Laune!

Die Aufbewahrung

Chips schmecken frisch zubereitet eigentlich am besten. Einige können jedoch mehrere Tage lang in einer luftdicht schließenden Dose aufbewahrt werden.
Allerdings ist es nicht zu empfehlen, Chips wieder aufzuwärmen.

Ein letztes Rezept: Kräuterchips

Diese knusprigen Kräuter eignen sich zum Garnieren von Salaten und Fleisch (z. B. einem Braten) und fügen ihnen etwas Knuspriges hinzu:
1 Eiweiß, einige Stängel glatte Petersilie und Koriander, 1 Prise Salz
• Den Backofen auf 100 °C vorheizen.

• Eiweiß und Salz vermischen. Eine Silikonbackmatte oder ein mit Backpapier ausgelegtes Backblech vorbereiten.

• Einen Pinsel in die Eiweißmischung tauchen und die Kräuter damit von beiden Seiten bestreichen, dann auf das Backblech legen. 30 Minuten im vorgeheizten Backofen garen.

• Aus dem Ofen nehmen und abkühlen lassen. Sie können in einer fest verschlossenen Dose aufbewahrt werden.

Register

Maßeinheiten

1 Esslöffel (EL) =
15 g Zucker, Mehl, Butter
12 g Crème fraîche, Öl
30 ml Flüssigkeit
3 Teelöffel

1 Teelöffel (TL) =
5 g Salz, Öl, Zucker, Mehl
7 g Butter, Margarine
5 ml Flüssigkeit

1 Prise Salz =
3 bis 5 g

1 Stück Zucker =
5 g

Backofentemperaturen
Gas Stufe 3 = 90 °C
Gas Stufe 4 = 120 °C
Gas Stufe 5 = 150 °C
Gas Stufe 6 = 180 °C
Gas Stufe 7 = 210 °C
Gas Stufe 8 = 240 °C